하얀 새의 여로

시산맥 해외기획시선 014

하얀 새의 여로
시산맥 해외기획시선 014

초판 1쇄 발행 | 2021년 3월 25일

지 은 이 | 이금숙
펴 낸 이 | 문정영
펴 낸 곳 | 시산맥사
편집주간 | 김필영
편집위원 | 오현정 강수 정선
등록번호 | 제300-2013-12호
등록일자 | 2009년 4월 15일
주　　소 | 03131 서울특별시 종로구 율곡로 6길 36,
　　　　　월드오피스텔 1102호
전　　화 | 02-764-8722, 010-8894-8722
전자우편 | poemmtss@hanmail.net
시산맥카페 | http://cafe.daum.net/poemmtss

ISBN 979-11-6243-162-7 03810

값 9,000원

* 이 책은 전부 또는 일부 내용을 재사용하려면 반드시 저작권자와 시산맥사의 동의를 받아야 합니다.
* 이 도서의 국립중앙도서관 출판도서목록은 서지정보유통지원시스템 홈페이지(http://seoji.nl.go.kr)와 국가자료종합목록 구축시스템(http://kolis-net.nl.go.kr)에서 이용하실 수 있습니다.

* 이 시집은 교보문고와 연계하여 전자책으로도 발간됩니다.

하얀 새의 여로

이금숙 시집

* 본문 페이지에서 한 연이 첫 번째 행에서 시작될 때에는 〈 표기를 합니다.

■ 시인의 말

직장에서 가정에서 하얀 새의 날개를

밤낮없이 퍼덕거리며

독일 하늘 아래 소독 내음에 젖어 삶을 헤쳐 왔다.

하얀 날개를 접고 안주하면서

젊은 날의 꿈이었던 시인의 날개를 얻고

늦깎이 시인으로 새롭게 날갯짓을 시작했다.

애드벌룬 가슴으로 창공을 날다 중도에

수필과 동화를 쓰며 시작^{詩作}에 소홀하고

곁길로 가던 중에 시산맥이 일깨웠다.

초심으로 돌아와 시집 원고를 다듬었다.

2021년 2월 이금숙

■ 차 례

1부 _ 아, 나는

담쟁이들은 - 19
야간 인터시티 익스프레스 - 20
이제 그들은 거리의 꽃이 아니다 - 22
폭풍 속 기구 - 24
아, 나는 - 26
자유의 하늘 아래 닭들아 - 28
행복 메아리로 돌아온 참새들의 합창 - 30
피부로 스며드는 가을의 소리 - 33
무성 섬광 총에 쏘이다 - 34
겨울 일출 - 36
베를린 시 낭송회를 다녀오며 - 38
내가 우주선 안에 앉아 있다 - 40

2부 _ 뮌헨 옥토버페스트

갯메꽃 - 45
하얀 비둘기들의 속삭임 - 46
그랜드캐니언 절벽 위에서 - 48

뮌헨 옥토버페스트 – 50

뮌헨 마리엔 광장 – 52

바다의 일출 – 55

축적 – 56

마스팔로마스 광장 – 58

산티아고 데 콤포스텔라 플라타너스들 – 60

베르크테스가든 – 62

비숍스비젠 펜션 아침 – 64

문어잡이 – 66

날개 잃은 철새들 – 68

3부 _ 마음의 휘장

마음의 휘장 – 71

토기장이 – 72

정월 대보름 잔치 – 74

메아리와 부메랑 – 75

불멸의 명작 – 76

인생 철도 건널목 – 77

녹슨 자전거 – 78

이제 그들이 갈 곳은 어디 - 80
꽃보다 더 아름다운 린덴바움 - 82
거울 속 나의 복제들 - 84
잔치할 이유 있네 - 86
진주조개 가치관을 아시나요 - 88

4부 _ 저 하늘의 별 중엔

내 무덤엔 꽃을 가져오지 말라 - 91
국립 5.18 민주묘지에 가던 날 - 92
국립 5.18 민주묘지 충혼탑 앞에서 - 94
저 하늘의 별 중엔 - 96
이름 없는 무덤 앞에 - 98
꿈이 아닌 꿈에서 깨어났을 때 - 100
사랑하는 박 권사님을 보내며 - 102
그때 그는 울부짖지 않았다 - 106
늙은 배나무의 독백 - 108
슬픈 얼굴 - 110
조선의열단에 부치는 시 - 113

5부 _ 하얀 새의 여로

바닷가 향나무 – 119

하얀 새의 여로 – 120

어머니의 비손 – 122

겨울 보리밭 길에서 – 123

애국지사 아버지께 드리는 헌시 – 124

겨울 산책길의 상념 – 126

생명 줄이 된 김밥 한 줄 – 128

김장김치 – 130

맛조개 – 132

덤으로 사는 삶 – 134

사라져버린 흔적 – 136

나의 작은 파라다이스 – 138

■ **시인의 에필로그** | 이금숙 – 142

1부

아, 나는

담쟁이들은

저 담쟁이들은 애초부터 알았을 것이다
서로가 한 종류가 아니라는 것을
알면서도 그들은 서로를 밀쳐내지 않고
한여름 동안 바람에 노래하고 햇살 아래 춤추며
서로 융화하고 어울려 담벼락을 기어올랐을 것이다

가을이 와서
늘 푸른 담쟁이는 짙푸르고
단풍 든 담쟁이는 불타듯 붉어도
그들은 푸른 옷, 빨간 옷 자랑하지 않았을 것이다
서로의 가치를 뽐내지 않고
아름다운 색상의 조화를 기뻐했을 것이다

겨울이 와서
단풍 든 담쟁이 잎 다 지고
벌거벗은 가지들 추위에 떨 때
늘 푸른 담쟁이들은 푸른 치마로
벗은 빈 가지들을 살포시 감싸 안아

쉼 없이 위를 지향해 기어 올라갈 것이다.

야간 인터씨티 익스프레스

어둠의 바다를 헤치며
지금 막 거대한 고래 하나가 미끄러져 들어온다
고래는 프랑크푸르트 중앙역 플랫폼 불빛 속에
삼켰던 사람들을 다 토해낸다
하루의 일과라는 짐을 지고 울고 웃고 미워하고 사랑하며
한 날의 역사를 새기던 사람들은 고래 배 속에서 헤어나
빠른 발걸음으로 환한 불빛 속으로 사라져 간다

오늘의 안식을 위해 어디론가 가야 하는 이들이

아직 열려 있는 고래 입속으로 재빨리 스며들어 간다
회전을 모르는 고래는 이제 꼬리가 머리가 되어
어둠의 바다를 향해 초속으로 헤어나간다

고래 배 속은 환하고 아늑하다
분주한 일과로 세상에 눈을 주지 못한 사람들은
종잇장 속에 활자로 압축된 세상을 들여다보고

시달림에 심신을 맡겼던 사람들은
등받이에 머리를 지그시 기대고 창밖의 어둠을 끌어들인다

칠흑의 바다를 가르며 질주하는 고래
불빛이 있는 중앙역에선 입구에서 대기하던 몇몇을 토해낸다
사람들은 하나하나 떠나가고 인기척이 드물어진 공간에서
나의 하루 발자취를 되돌아보며 손을 모아 조용히 기도를 드린다
고래는 에센 중앙역 불빛 안에다 나를 토해낼 것이다.

이제 그들은 거리의 꽃이 아니다

바람이 실어 갔나? 구름이 업어 갔나?
하룻밤 사이에 흔적 없이 사라져 버린 거리의 꽃들

어느 때부터 하나둘 보트롭퍼 길로 모여들어
자신을 상품으로 권하는 각양각색 거리의 꽃들
해 아래, 달 아래 그리움은 없어도
해가 뜨면 해를 안고 달이 뜨면 달을 품어
흐르는 구름도 스치는 바람도
궤도를 벗어난 별들마저 웃음으로 안아내며
기다림의 시간을 양식 삼아
붉디붉은 삶을 움켜쥐던 꽃들

오늘 아침 WAZ* 사회면에 실린
에센시는 알텐에센 한 곳에 스트라세 매첸*들을 위한
새로운 영업소를 마련하였다
이 기사를 보고 알 수 없던 수수께끼가 풀렸다

이제 그 거리의 꽃들은 거리의 꽃이 아니다

시에서 마련해준 꽃동산에서
당당하게 영업하는 국세 납세자들이다.

*서부 독일 일간지
*거리에서 몸을 파는 여자를 일컬음

폭풍 속 기구

누구의 진노인가?
칠흑 하늘을 내리 가르는 섬광의 불칼!
폭풍 속에 기구 하나 이리 기우뚱 저리 기우뚱
전후좌우 한 치도 나가지 못하고 풍전등화처럼 위태롭다
공포의 전율이 온몸을 휩싼다
지금 저 배엔 요나가* 니느웨가 아닌 다시스로 항해함인가?
선원들은 지금 자신이 품은 죄짐을 암흑바다에 내던지고 있을까?
그러나 정작 요나는 잠만 자는 모양이다
하늘의 진노는 멎을 것 같지 않다
진정 저 배는 파선하고 말 것인가?
어쩜 요나가 암흑의 바다로 풍덩 뛰어내리기를 기다림인가?

천지를 진동하며 나의 심장까지 전율하는 뇌성

순간, 두 손 모아 생면부지를 위해 기도한다

오, 주여 저들을 긍휼히 여기소서
사망의 덫에서 풀려나게 하소서
아, 어쩜 요나는 이 시간 저 기구 안에 있지 않고
나의 무정한 고래 육신 속에 잠들어 있었나 보다
기구는 금시 활짝 갠 하늘에 유유히 항해한다
요나를 토해낸 고래 안도의 긴 숨을 내쉰다
사랑은 만사에 승리를 거두는 열쇠다.

*성경 요나서의 선지자 (하나님이 주신 사명을 거역하고 도피하다 풍랑을 만나 바다에 던져져 고래 배 속에서 회개의 기도를 했을 때 3일 만에 다시 토해냄)

아, 나는

괴악한 바람을 일으키는 풍차 하나,
독일에 영원히 소멸하여야 할 부끄러운 극우파 조직
NPD*가 이 에센 보백지역에 창설된단다
이런 바람이 이 나라에 다시 일어서서는 안 된다고
우리 모여 강한 역풍으로 몰아내자고 한다
 예배가 끝난 후에 유대별을 가슴에 달고 죽음의 골짜기*를 지나온
두 자매 권사님이 열변을 토한다
듣는 이들은 고개를 끄덕이고
나는 주먹을 불끈 쥔다
그래! 나 이래 봬도 데모로 나라의 역사를 바꾸어 온
대한의 피가 몸 안에 끓는 자이다
가서 화끈하게 해주리라

그러나 막상 그날 아침
"엄마 꼭 그 자리에 가야 해요?
가시려거든 노랑머리 가발 쓰고 분장하고 가세요.
요즘 젊은 극우파들은 인정사정없이 난폭해요."라는
아들의 말을 듣고 그만 슬며시 주저앉고 말았다

〈
아, 나는
진정 비겁한 자인가?
아니면 현명한자인가?

*NPD 독일 극우파 사상으로 조직된 당
*유대인 학살 수용소

자유의 하늘 아래 닭들아

산마을 양지바른 농가에 사는 너희, 닭들아
그래, 나는 너희 불만 불평을 안다

풀밭은 협소하고 철조망은 한계를 속박한다는 투덜댐을
따스한 햇볕 아래 망상의 꿈을 꾸다
꿩꿩, 하늘로 치솟는 장끼의 날갯짓에
엉겁결에 지르는 수탁의 허튼소리를
뼈를 깎아 빚어낸 우리의 알들이
우리에게 무슨 소용이냐는 암탉들의 쑤군댐을

그러나 너희들 한 가지 사실을 아느냐?
한 하늘 아래 한 피를 나눈 죽음 같은 삶을 사는
처참한 닭들이 눈앞에 있다는 걸
하늘을 모르는 닭들이 숨 막히는 공간에 갇혀
로봇 같은 삶을 살고 있다는 사실을
너희는 흰 구름 흐르는 하늘을 보며
햇살 아래 바람 속에
푸른 풀밭을 마음껏 다니며 능력대로 살찐 벌레들을

찾아 먹을 수 있지 않으냐?

현실의 행복이 행복인 줄 모르고
누리는 자유가 자유인 줄 모르는
자유의 하늘 아래 닭들아

이젠 잠꼬대를 그만 그치라
힘차게 홰를 치며 이 땅에 새벽을 알리는
파수꾼의 나팔을 확실하게 불라
화끈한 사랑의 결정체 기꺼이 낳으며
즐거이 삶의 찬가를 부르라
자유의 하늘 아래 닭들아.

행복 메아리로 돌아온 참새들의 합창

낙엽이 우수수 내리는 주말 아침
그이가 슬며시 내민 흑장미 한 다발
예전엔 없던 일, 너무나 뜻밖이었죠

한 달에 한 번씩
깃털이 희어가는 이방인 나그네 여덟 쌍이 모여
케겔* 하는 요란한 자리가 있어요
긴 세월 동안 생존의 쳇바퀴가 뭉쳐버린 웃음이
묵직한 공으로 와르르 구르고
가슴에 담아온 스트레스 응어리가 와장창 하얗게
무너지는
우리의 값진 레크리에이션이죠

일격에 아홉 케겔 싹쓸이를 친 선수에게
푸른 별 훈장이 번쩍번쩍 뜨면
모두 다 행운의 글라스를 높이 들고
"브라보! 브라보!"
행복 엔도르핀이 철철 넘쳐나는 시간이에요

〈

지난번 케겔 중에 일어난 한 토막 스토리에요
짝 잃은 철새처럼 홀로 들어서는 K 언니,
"그이는 몬타제* 일마치고 바로 이곳으로 올 거래."
케겔이 끝날 무렵에야 허덕허덕 들어온 J 씨,
"늦어서 미안해 차가 많이 막혔었어."
넌지시 반쪽에 작은 선물을 건네주었죠

순간, "와! 멋진 남자!"
짝짝짝! 손뼉을 치며 참새들의 합창이 울려 퍼졌어요
"언니 오늘 무슨 날이야?"
"아니, 저이는 가끔 저렇게 엉뚱하잖아."
"우리 그이도 좀 엉뚱했으면 좋겠다."
"빨리 풀어봐, 우린 눈요기라도 해야지."
K 언니가 작은 루비 목걸이를 불빛 아래 반짝반짝 흔들었어요
"야, 부럽다 부러워."
입바른 참새 한 마리 까마귀들을 향해 손가락 총을 쏘며
"여러분 잘 보셨죠. 형님의 교육을."

어리벙벙해진 까마귀들이 투덜댔어요
"에이 형님도, 둥지에 가서 넌지시 줄 일이지 눈치도 없이."
"까마귀 망신 백조가 다 시킨다."
"나 오늘 집에 들어갈 일이 심란하다."
이국 하늘 아래 참새들의 합창과 까마귀들의 투덜댐은
웃음으로 화음으로 울려 퍼졌죠

아! 그런데 오늘 아침 그 참새들의 합창이
이런 행복의 메아리로 돌아올 줄 미처 몰랐어요
 봄여름 좋은 시절 다 보내고 인생의 가을을 맞이한
오늘에야
 경상도 무뚝뚝이 그 철창 가슴을 부수고
 핏빛 장미 사랑의 메시지로 표출하네요
 사랑도, 행복도 배워서 가꾸어가는 것이란 걸 우린
이제야 알았어요.

*볼링 일종의 게임
*Montage : 집을 떠나 출장 가서 하는 일

피부로 스며드는 가을의 소리

한길 가의 가로수들 시월의 바람 채근에 못 이겨

물들이던 채색옷 낙엽으로 내리며 계절에 수긍한다

나, 오늘도
블루진 바지에 륙색 등에 지고
운동화 발길에 낙엽을 밟으며
굳이 정해진 곳 없이 잽싸게 아침 길을 간다

발걸음 속도야
도로를 가로질러 달리는 다람쥐보다 못하지만
시월의 바람에 맞서 활개도 쳐본다

나, 오늘도
바스락바스락 피부로 스며드는 가을의 소리를 들으며
가을 길 하루를 바쁘게 가고 있다.

무성 섬광 총에 쏘이다

무성의 섬광 총이 번쩍한다
"샤이세* 찍혔네!"
때늦은 속력 급강하라니!
"도대체 얼마로 달렸는데?"
"글쎄 아마 170~190km?"
"얼마로 달려야 하는 건데?"
"지금 보니 시속 100km 가야 하네."
"에구! 조심 좀 하지."

2년이 넘게 걸린 A3*보수공사 내내
과속을 겨냥해 무성의 섬광 총을 쏘아 대던 미운 놈
공사 끝나고 치운 줄 알았더니
반대편에 슬쩍 갖다 놓은 걸 알 리 없었다

행사장서 밤에 돌아오다가 한 방 쏘인 거다
우린 한 달 동안 면허 정지로 발이 묶일 것이다
벌금은 또 얼마가 될지 앞이 캄캄하다
2년 동안 살얼음판을 가듯 운전해야 할 것이다
한 방만 더 쏘이면 무한정 운전면허 정지다

〈
천천히 가도 유수처럼 흐르는 세월
남편은 늘 급물살을 타는 성격이다
이제 한 달 동안 전차나 열차를 타고 다니며
세월의 철학을 터득해야 할 터다

가는 세월 하루하루가 아까운 이 나이에
빨리 빨리는 가당치 않은 일이다
주어진 여생에 감사하며

세월아 네월아 느긋하게 즐기며 갈 일이다.

*Scheisse, 똥
*고속도로 3번 선

겨울 일출

아침 식탁에 앉아
건넛집 찬 서리가 낀 기와지붕 사이로
서서히 솟아오르는 일출을 맞이한다

간밤에 시달린 악몽에서
태양이 일몰해서 일출을 잊어버렸다고
어둠 속에서 허우적거렸다

솟아오른 태양이 내 눈을 쏘며
꿈의 빛깔은 항상 이리 밝아야 한다고 한다
태양을 직시할 수 없다

남편이 슬며시 나가더니
뒷면이 새카만 작은 거울 하나를 손에 쥐어 준다
새카만 쪽을 눈에 대고 보니
흑암 속의 핏빛 태양이 내 눈으로 들어온다

창유리에 가득한 태양이 웃음을 준다
두려움으로 긴장했던 심장이

하루 동안 필요한 원동력을 펌프질한다
우리가 누리는 겨울 일출의 파동이다.

베를린 시 낭송회를 다녀오며

베를린 뷔헤켈러 문학예술 전당에서
한국어로 시를 낭송할 때
노랑머리 문인들이 가슴을 열고 귀를 쫑긋했다
한국어 시 낭송을 듣기는 처음이라고 했다
독일 문인이 독일어로 번역한 그 시를 낭송할 때

장내는 감동의 물결로 넘실거렸다

독일 문학 밭고랑에 한글 시 종자 몇 알 파종하고
새벽 열차를 타고 집으로 돌아간다
ICE 차창으로 끝없이 펼쳐진 유채꽃밭 지평선 넘어
오월의 아침 안개가 시인의 아득한 꿈처럼 일렁인다

지금 검은 눈 애벌레 한 마리가
아직도 한독 시 낭송 여운에 젖어
유채향기 풀풀 날리는
시상 한 조각으로 몸살을 앓는다

언젠가 순수한 노랑나비로 탈바꿈해

언어의 한계를 초월해
푸른 하늘을 자유로이 훨훨 날
소망의 시고^{詩稿}를 다듬는다.

내가 우주선 안에 앉아 있다

  주일 아침 예배 시간에 슈미트 목사님이 운항하는 우주선 안에 내가 앉아 있다
  우주선 승객들은 한 우주 비행사가 우주선에서 촬영한 요술 구슬 같은 지구의 사진 한 장을 승차권으로 쥐고 스미트 우주 비행사는 성경 한 권을 나침반으로 삼아 기묘하게 인공위성과 신앙의 우주선을 합리적인 이념으로 운항해 나간다

  우주 비행사가 우주선에 승차하기 전에는 내 땅을 본단다

  우주선을 타고 조금 올라가서는 우리의 나라를 본단다
  그러나 대기권을 벗어나서는 한 유성, 지구를 본단다
  이때부터는 육안이 아닌 마음눈으로 우주 만상을 지으시고 질서 있게 다스리시는 하나님을 본단다

  한번 마음눈이 뜨이고 나면

이 땅 위의 자연들이 창조주를 찬양하는 것을 보며 자연들이 사람을 사랑으로 품은 것을 보며 사람을 사랑하시어 자신을 내어주신 주님이
 나를 품은 것을 알게 된단다

 마음눈을 가진 사람은 누구나 이 지구 안에 있는 자연과 사람을 사랑하게 되고 이런 일들이 전혀 어렵지가 않단다
 어려운 문제들을 아주 쉽게 해결해 나간단다

 오늘 아침 예배당 우주선 안에서
 이제까지 내가 보지 못한 신비롭고 놀라운 우주를 본다
 자연과 사람을 창조하시고 사랑하시어 자신을 희생해 주신 주님을 나의 마음눈으로 확실하게 본다.

2부

뮌헨 옥토버페스트

갯메꽃

란사로테 해안 한 호텔 돌담 아래 핀 갯메꽃은
시야를 가린 돌담, 야자수 그늘이 싫어
돌담을 기어올라서 보니
시원하게 펼쳐진 푸른 바다와
각양각색 황홀한 세상이 모두가 감격스러웠다

생소한 검은 모래땅 위에
줄기줄기 긴 팔을 뻗어 잎을 맺고
연분홍 꽃을 올망졸망 피워냈다
휴가자들의 감탄에 취해
바닷바람에 너울너울 행복에 겨워 춤을 추었다

어느 날부터 뿌리에 공급되던 물이 그치고
태양열에 육신이 메말라 갈 때
갯메꽃은 뒤늦게 깨달았다
자신의 삶은 오직
뿌리에 날마다 물을 주는
돌담 넘어 정원사의 은혜였음을.

하얀 비둘기들의 속삭임

아씨시 산타마리아 델리 안젤리 성당 후문 앞에
성 프란체스코 동상이 서 있다
가슴에 모아 쥔 두 손안엔 작은 대바구니가 놓여 있고
그 안에서 하얀 비둘기 두 마리 끊임없이 나직이 속살거린다
나 지금 그 동상 앞에서
그 비둘기들의 속삭임을 알아듣는 성싶다

우리에겐 대대손손 내려오는 한 설화가 있답니다
한 성자, 바로 당신이
우리 선조들을 친구 삼아 사람처럼 대화하며
함께 놀아준 사랑 이야기

우리에겐 대대로 지켜오는 한 관례가 있답니다
그건 단 한시도 당신을 외롭게 홀로 두지 않겠다는 언약을
우리 선조들이 지키고 전수해주는
저 후원의 장미들이 보이시나요?
당신이 사랑으로 어루만져 키운 그 백장미들

그 숭고한 사랑에 차마 가시를 낼 수 없어
저렇게 모두 다 가시 없는 장미로 분열했답니다

이제 내가 당신을 떠날 때가 되었습니다
벌써 저기 다른 하얀 비둘기 한 마리가 대기하고 있습니다
내가 죽는 순간 저 비둘기가 바로 이곳으로 들어와
하얀 비둘기 두 마리는 당신 품 안에서 끊임없이
아름다운 이야기를 들려줄 것입니다

나 지금 성 프란체스코 동상 앞에서
저 하얀 비둘기들의 속삭임은 귀로 듣는 게 아니라
가슴으로 듣는다는 걸 깨달았다.

그랜드캐니언 절벽 위에서

머리엔 머리띠 대신 챙모자를 쓰고
어깨엔 활 대신 멜 가방을 메고
손엔 망원경을 들고 몸 중심을 잡으며
그랜드캐니언 절벽 위에 서서 나의 심장이 한순간
애리조나 인디언의 박동으로 뜨겁게 뛴다

콜로라도강물에 쪽배를 젓고
기묘한 협곡을 산양처럼 누비던
애리조나 인디언의 매 같은 눈으로 협곡 구석구석을 살핀다
순간, 이 장관의 신비로운 자연의 조화가
언제 어떻게 형성되었는지는 관심이 없다
어떤 지질학 해설도 고고학 해명도 필요치 않다
그저 오늘 내가 한 인디언의 심장으로
이 절벽 위에 서 있다는 꿈같은 현실이 있을 뿐이다
수억 년의 세월 속에 햇볕도 바람도 안개도

이 위대한 작품을 빚어낸 창조주 앞에

경의를 표하고 지나간 흔적들을 층층이 새겨 담아
놓았다

순간 심연의 깊은 곳에서
무어라 꼭 규정할 수 없는 울컥한 감동이 치밀어 오
른다
이곳에선 지구촌 그 어느 인생도
그저 숙연히 두 손을 모아 쥘 수밖에 없다.

뮌헨 옥토버페스트

 독일 생활 40여 년 동안 TV에서만 보고 마음만 달려가던 뮌헨 옥토버페스트, 지금 우리 정다운 친우들과 그 안에 몸담고 있다
 꾸역꾸역 밀물처럼 인파는 몰려들고 뮌헨 13개 맥주회사가 펼친 텐트 안의 2만2천 좌석이 벌써 풀하우스란다
 이 시간 텐트에 들지 못해 떠도는 인파는 또 얼마인가?
 올핸 2억의 인파를 품어낼 예정이란다

 어차피 사람 입맛 돋우려고 태어난 황소
 오늘 선택된 빅토아 종말은 차라리 화려한 최후의 장식일 것이다
 스파텐 브로이하우스 텐트에선 지금 255kg 빅토아 황소가 장대 꼬챙이에 노릇노릇 구워지고 있다
 옥토버페스트에서만 볼 수 있는 진귀한 모습
 빅토아는 오늘 단연 최 인기 스타급이다
 난 오늘 분명 빅토아 황소고기를 맛보고 1ℓ 맥주잔을 비울 것이다
 전율, 공포 만끽의 놀이 시설에
 인간 바람개비들이 미친 듯 허공에 돌고

〈

거꾸로 매달려 금발 머리를 흩날리는 라푼젤*들의 괴성이 고막을 때린다 괴물의 포효와 신음이 연발하는 지옥문 앞에 전율하고 손님들을 미아로 만들어 보겠다는 글라스하우스 입구의 광대가 음흉한 윙크로 유혹한다

비틀걸음의 젊은이들, 산재한 경찰들, 인파의 물결 속에
가을 인생길을 가는 우리는 대관람차Riesenrad에 올라앉아
음악과 춤, 알코올과 오락이 어울린
인산인해 세상을 내려다보는 것이 제격이다
화려한 무질서가 어우러져 국제적 명성 유흥장을 만들어 낸
뮌헨 옥토버페스트에 지금 우리 몸담고 있다.

*마녀가 높은 성곽에 감금해 놓고 긴 머리채를 내리게 해서 그녀에게 올라간다는 독일동화 속의 소녀

뮌헨 마리엔 광장

지구촌 각국에서 모여든 인파로 복작거리는
뮌헨시티 마리엔 광장에 섰다
과연 세계적으로 명성 있는 관광지의 면모다
깃발을 높이 쳐든 가이드를 따라 이동하는 긴 행렬
어딜 가던지 단체여행은 검은 머리 동양인들이다

한 거리의 악사가 아코디언에 혼신을 담아내는 음률이
 마주 선 건물들의 울림으로 온 광장이 들썩거린다
 나의 가슴이 먹먹하다

검정 부르카에 휘감긴 한 여인 가슴에
유난히 묵직한 카메라가 생뚱맞다
생소한 모습에 카메라 초점을 맞추다가
나를 직시하는 검정 속의 흰자위에 질려
그만 슬며시 손을 내려놓는다

마리엔 광장 오전 열한 시!
갑자기 시간이 멈추어 선 느낌이다

관광객들의 발걸음이 정지되고
높은 시청 건물 위 종탑으로 시선이 모인다
그림처럼 아름다운 건물 종탑 아래층에
16개의 통장桶匠 인형들이

역병은 다 물러갔다고 활달하게 춤춘다
43개의 종이 하모니를 이루어 만들어 내는 청량한 음악이
온 시가를 감동의 물결로 출렁이게 한다

마리엔 관장 9번지는 맥주 양조장 호프브로이하우스*다
400년 전통을 자랑하는 역사적 세계 관광 명소다
꾸역꾸역 몰려 들어가는 인파 속에 밀려 건물 안으로 들어선다
어마어마한 대형 홀에 인파가 북적거리고
홀 안의 무대에선 연주가 한창이다
어두컴컴한 홀 여기저기서 카메라 라이트 불빛이 번쩍거린다

사람들은 맥주 한 잔과 바이에른 전통음식을 앞에 놓고
시간과는 무관하게 아늑한 표정으로 생음악을 즐긴다
여행은 시간과 마음의 여유가 있어야 제 맛이 난다

호프브로이하우스에 자리를 못 잡아
밖으로 나와 맞은편 한 술집 바깥에 자리를 잡았다
시원한 흰 맥주 500cc 한 글라스를 벌컥벌컥 들이켜고 나니
머리가 뱅그르르 돌고 가슴이 달달 떨린다
알코올이 사람을 행복하게 해 준다는 것을 오늘 알았다
난 지금 남부 독일 여행 첫날에
뮌헨시티 마리엔 광장에서 행복한 추억을 만들어내는 시간이다.

*Burka : 이슬람 여성들의 머리끝에서 발끝까지 덮어쓰는 통옷

바다의 일출

파도 소리에 잠이 깨어 급히 난간으로 나가
렌즈 초점을 수평선 붉은 기점에 조준하고
찬란한 일출을 기다린다

지금 막
태양의 예시豫示로 바다가 붉은 숨을 토해 낸다
바다는 생동하는 핏빛으로 물들기 시작한다
피는 생명의 시작이다

드디어 장엄한 태양이 바다를 딛고 섰다
생명체에 활력을 부여할 지글대는 에너지가 파동한다
검은 바다에 하루의 소망이 붉디붉게 번진다

오늘 하루 저 찬란한 태양 속에
그란 카나리아의 아름다운 추억을 마음껏 담아보자
내일이면 우리에게
일상 속의 평범한 태양이 떠오를 것이다.

축적

이번 겨울 휴가에는
나의 심령을 지탱하는 허름한 장막집
내부의 축적된 노폐물을 청소하고
외부도 탄력 있고 매력 있게 보수하고 싶었다
동쪽 바닷바람으로 가득 채운 부레로
세상의 양쪽을 가르는 한 마리 물고기가 되고 싶었다
플라야 델 잉글레스에서 마스팔로마스까지 날마다
시오리길 백사장을 타조처럼 잰걸음으로 달리고 싶
었다

첫날부터 마녀의 유혹이었다
호텔의 자부심 저녁 뷔페는 비운 속을 다시 채웠다

혈당 환자의 그란 카나리아 휴가는 유감천만이다
바닷가 카페에 느긋이 앉아
카나리아 과일 향이 녹아 흐르는 아이스크림의 즐거
움을 누릴 수 없다
카나리아 태양이 잠긴 포도주 한잔 홀짝이는 낭만에
샐쭉한 표정으로 손사래 했다

〈
바닷속에 태양 잠기고
야자수에 걸린 달 휘영청 밝아오면
스페인 여인의 열정적 플라밍고를 즐겼다

여행 가방에 눌러 담아온 다짐들은
썰물 뒤의 모래사장에 쌓은 누각이 되었다
오늘도 내 몸에 과잉 열량이 축적되었다
내 휴가의 작심삼일이 두꺼워졌다.

마스팔로마스 광장

마스팔로마스 광장 방파제에 앉아
태양 볕에 몸을 맡기고
시오리 길 백사장에 발자국을 찍어 온
두 발을 위로의 손길로 달랜다

지금 바다가 하얀 입김으로
등대에 걸린 언어를 휘젓는 소리가 굉장하다
그 옛날 하나님이 바벨탑을 내리쳤듯이
독일어 영어 프랑스어 스페인어 한국어 …
각 나라말이 뒤섞여 바닷바람 속으로 흩어지고
갈매기도 각각이 다른 소리를 섞는다

넓은 광장에 승전탑처럼 높이 세워놓은 정보기에
섭씨 26도라는 대형 숫자가 보석처럼 자랑스럽게 번쩍인다

이곳엔 각 나라에서 담아온 겨울이 무색하여 벌겋게
익는다

〈
카나리아 섬들은
작열하는 태양 아래 짙푸른 바다와 끝없는 금모래 사장
화산이 빚어 놓은 이색적 진풍경으로
스페인의 황금 오리알로 자칭하는
낭만의 국제적 휴가지로 군림하고
태양은 피한의 휴가객들에게 지치지 않은 웃음을 준다.

산티아고 데 콤포스텔라 플라타너스들

  산티아고 데 콤포스텔라에 순례자들을 위한 대규모
숙박 시설이 있다

  그 숙소 앞엔 어깨를 다 잘린 플라타너스들이 질서
정연하게 서 있다
  순례자들은 누구나 그 기형의 나무들이 주는
  묵언의 메시지를 가슴으로 들을 수 있어야 한다

  순례는 곧 고행의 길이다
  사도 야고보의 고행을 기억하라
  어린아이처럼 순수한 그리스도인으로 거듭나서
  옛것은 버리고 새사람이 되어 새 옷으로 갈아입어라
  땅끝 바다 피니스테레*에
  신발마저 벗어 던져버리고 새 출발하라

  어깨 없는 우리들
  이 고행의 기간이 지나고 봄이 오면
  잘린 자리에 어김없이 새 가지들 돋아나고
  푸른 잎 무성하게 맺어

바람에 춤추고 노래하며 창조주께 감사의 찬양을 드린다
이것이 바로 비워야 채워지는 진리이다.

*땅끝마을, 야고보 순례길의 종착 지점 바닷가

베르크테스가든^{Bergtesgarten}

독일 지도를 펼쳐보면 삼 면이 오스트리아에 깊숙이 접경된
한 복주머니 모양의 꼬리 땅이 있다
이곳이 이번 남부 독일 여행에서 나를 감동의 도가니로 푹 빠지게 한
베르크테스가든이다

1,440m 산 중턱 한 레스토랑에 느긋이 앉아
2,200m 높은 산들의 정기를 향긋한 커피에 섞어 마시며
눈앞에 우뚝 선 하얀 돌산을 바라보니
내 고향 월출산을 보는 듯해 산맥마다 향수가 어린다

산 아래로 전개되는 드넓은 초원에
드문드문 눈에 띄는 빨강 기와지붕 농가
경계선 없는 자연 목장을 행복하게 거니는
젖소들의 청량한 워낭 소리가 울려 퍼지는
평화로운 풍경화 속에 흡수되어 발걸음이 떨어지지 않는다

〈
  좌우로 숲이 울창한 높은 산맥 아래 자리한
  깊고 푸른 물의 쾨니히스제는 아름답기로 명성 높다
  과연 왕의 호수라는 그 이름에 부합하다
  쾨니히스제에선 제2차 세계대전 말엽 나치들이 물속에 은폐한
  금자루를 가끔 건져내는 행운의 잠수부들이 있다

  여기저기 산재해 있는 웅장한 기암괴석으로 형성된 산 협곡엔
  수많은 물줄기 폭포가 장관을 이루어
  수십 개의 다리를 건너며 아슬아슬하게
  산 계곡을 관광하는 즐거움을 준다

  베르크테스가든은 산과 협곡들, 수많은 강, 드넓은 초원을 통하여
  순수한 자연이 살아서 숨 쉬는 아름다움을 누리게 하는
  관광의 꽃으로 군림하는 독일의 복주머니다.

비숍스비젠 펜션 아침

이번 베르크테스가든 여행에서
높은 산들이 품어 안은 듯 아늑한 고을 비숍스비젠
자연 속에 파묻힌 한 펜션에 숙소를 정했다

넓은 뜨락에 차려진 아침 식탁에 앉으면
찬란한 태양이 마녀봉 산 정상을 넘어 솟아오른다
신선한 산바람 속에 루마니아 태생 독일인 주인아줌마가
정성껏 준비한 아침 식탁은 넘치도록 후한 인심이다

넓은 뜰을 자유롭게 다니는 닭들이
자랑스럽게 제공한 달걀은 미각을 즐겁게 하고
살찐 암 닭들이 식탁 주위를 뒤뚱거리며
달걀의 대가로 빵 부스러기를 얻어먹는다

덩치가 작지 않은 늙은 검은 개가
어슬렁어슬렁 식탁 아래로 찾아와
긴 턱을 무례하게 나의 무릎에 걸쳐 놓고
걸인의 눈빛으로 바라본다

그 애절한 눈빛을 거부할 심장을 나는 갖지 못했다
결국 내 입으로 들어가야 할 소시지를 개가 먹는다
비숍스비젠 펜션이 제공하는
아름답고 어이없는 아침 식사 시간이 감미롭다.

문어잡이

 애초부터 휴가 와서 문어를 잡으리라 생각한 적은 없었다
 그런데 어제 바닷가를 산책하다 우리는 보았다
 크레타 본토박이 남정네가 바닷가 바위틈에서 문어를 잡아
 돌에 힘껏 내리쳐도 굼실거리는 문어를
 예리한 칼로 머리통을 내리 찔러도 굼실거리는 문어를

 오늘은 검정 머리 동양인 남자가
 희끗희끗 센 머리를 바람에 날리며
 바닷가 바위틈을 한나절 헤맨다 나온다
 "문―어는 아무나 잡나, 눈에라도 띄어야 잡지……"
 아내의, 사랑은 아무나 하나? 에 맞추어 부르는 구성진 노랫가락에
 쓸쓸한 미소를 지으며 배낭을 챙긴다

 짭짤한 문어를 안주 삼아
 시원한 맥주 한잔 기울일 꿈이야 깨어졌지만

먼 훗날 기력 쇠하여 추억을 되씹으며 글라스를 마주칠 때
그래, 그때엔
오늘 크레타의 문어잡이가 제빛을 발할 것이다.

날개 잃은 철새들

LA 코리아타운 시민아파트에
하얗게 센 날개를 접어버린 철새들이 모여 산다
혼신 다해 먹여온 자신의 분신
꿈 찾아 태평양 건너 LA에 마련한 삶의 터전
둥지 속 핏줄 지켜주려 수만 리 길 기꺼이 날아온 철새들

어린 것들 재롱에 세월을 잊고 살며
지닌 날개 깃털마저 다 뽑아 핏줄에게 심어주고
하릴없이 한 시민아파트로 찾아 든
노래를 잃어버린 연로한 철새들

어느 날 문득 LA 하늘이 낯설다
눈물 속에 고향이 아롱거린다
그러나 그 철새들에겐
그리운 고향 찾아 길 나설 날개가 없다

깃털 없는 날개는 날개가 아니다.

3부

마음의 휘장

마음의 휘장

인생살이라는 건 오직 한 편의 단막극이다
인생 단막극 성공 비결은 마음의 휘장에 있다

마음 휘장을 드리움은
외부와 차단된 사면 투시경 밀실에 들어가
자신을 환하게 비추어 보는 시간이다

마음 휘장을 거둠은
인생들 삶의 장으로 들어가
이웃의 아픔과 눈물을 닦아주고
나의 기쁨과 축복을 공유하는 것이다
인생 단막극이 길거나 짧거나
주어진 무대는 오직 한 번뿐이다
다음 무대는 존재하지 않다

바로 지금 점검해볼 일이다
내 인생 무대의 마음 휘장은
적절한 시기에 드리우고
적절한 시기에 거두어지고 있는지.

토기장이

토기장이가 차진 흙 한 주먹 짓이겨
달달 거리며 돌아가는 작은 물레 위에 올려놓고
한 창작품을 만들어간다
잔뜩 잔득한 흙덩이에 두 엄지로 살짝 늘려 공간을 만들고
큰 입에 주먹을 넣어 돌리면 배가 불룩 불러온다
넓은 턱을 두 손으로 모아 쥐어 목을 길게 빼고
작은 입에 두 엄지를 넣어 밖으로 제치면 넓은 둘레가 펼쳐진다
엄지 검지로 둘레를 자근자근 눌러 물결무늬를 놓고
나이프로 아래 동아리를 한번 두르면 반질반질 매끈해진다
가는 실로 물레에서 자기를 살짝 잘라내면
15분 만에 토기장이 손에 창작품 하나 쥐어진다
토기장이, 자신의 자기가 마음에 차지 않으면
다시 짓이겨 전혀 다른 창작품을 만들어낸다
창조주 하나님을 흔히 토기장이라고 하는 말
심령의 내부로 스민다

〈
그래도 착각하지는 말자
토기장이는 이 세상에 이미 존재하는 원소로서만
창작품을 빚을 수 있지만

토기장이 하나님은 무에서 유를,
만물의 원소와 생명을 창조하신
유일하신 창조의 주 하나님이심을.

정월 대보름 잔치

정월 대보름달이 휘영청 떠오르면
고국 떠난 이방인들
향우회 대보름 잔치로 모여든다

사십여 년 기나긴 나그네 삶에
세월을 초월한 향우들 정에 겨워
맥주 한두 잔에 흥에 겨워
구성진 국악가요 어우러지면
덩덕궁 당닥궁 북장구 치며
더덩실 더덩실 어깨춤 추어
외롭던 서구의 보름달을 웃긴다

웃음이 가득한 대보름달
이방인의 설움
미래의 근심일랑 다 거두어 가고
행운의 월광을 쏟아내려 부어주니
허한 가슴들이 풍요로워지고
주름으로 구겨진 초로의 얼굴들
환한 대보름달 동안童顏이 된다.

메아리와 부메랑

인생살이에
반영되어 돌아오지 않은 것은 없다

세상 살아가면서 사람들이 하는 말은 메아리로 돌아온다
세상 살아가면서 사람들이 행한 일은 부메랑으로 돌아온다

돌아올 땐 꼭 남을 통하여 자신에게 돌아온다
이것은 인생살이의 진리이다

어리석은 자는
남을 통하여 오는 자신의 메아리를 들을 귀가 없다
남을 통하여 오는 자신이 던진 부메랑을 볼 눈이 없다
그래서 그 일로 남을 다시 판단한다

그러나 지혜로운 자는
메아리는 자신의 말임을
부메랑은 자신이 행한 일임을 안다
또다시 그런 실수를 반복하진 않는다.

불멸의 명작

주체하지 못한 정렬은 불이다
불은 소멸의 광기다
불의 광란, 그 이후엔 실존의 형상마저 상실한
공허 속에 쓰라린 아픔의 상처만 남는다

세월은 재생의 산실이다
상흔의 잔재 위에
초심의 미동으로 자아의 상징을 채광케 한다

사람들은
잿더미에서 고뇌의 눈물로
혼신 다해 피어 올린
예술과 문학의 꽃을 보며
불멸의 명작이란 관을 씌운다
사랑에는 영원한 절망이 없다.

인생 철도 건널목

꼭 가야 할 길일지라도 적색 신호가 오면 일단 멈추라
숨을 고르고 기다리라

바람 같이 지나가는 매끈한 특급 열차,
그는 인정사정없이 무섭다
그 매력에 눈이 어두워 다가가면 가루도 남지 않는다
그가 오면 그저 멀리 떨어져
휘말려 들지 않도록 죽은 듯이 기다리라
무서운 회오리 시험은 빠르게 지나갈 것이다

덜커덕거리며 천천히 지나가는 화물열차,
구질구질한 모습으로 꼬리를 달고
시간을 끌 대로 끌고 애를 태우는 미운 애물단지다
그 앞엔 그저 인내가 약이다
마음 느긋하게 시간 여유를 가지고 기다리라

인생 철도 건널목 앞엔 피해갈 지름길이 없다
산이나 바위 같은 고난들이 그저 지나가길 기다릴 뿐이다
경망하게 설치면 목숨을 잃는다.

녹슨 자전거

이방인 나그넷길 수십여 년
노년의 평안한 삶 푯대를 향해
주야장천 경황없이 달리다 보니
이젠 그만 심신이 녹슬었나?

총력 가해도 속력 안 나고
삐걱삐걱 요란한 소리만 낸다
신중하게 운전해도 마음과는 달리
지그재그 제멋대로 춤추며 가고
두 눈 램프 빛, 어둠 속 길 희미하다

어디로 가야 할지 어디까지 가야 할지
아직은 알 수 없는 미지의 종점까지
탈 없이 잘 달려주면 좋으련만
이러다 어느 날 허리 뚝 부러져
이국땅 한 폐차장에 버려질까 두렵다

하지만 아직도 때는 늦지 않았다
여생의 구심점을 새롭게 하고

하찮은 짐일랑 다 내려놓고
누적된 찌꺼기들 정결케 씻어내고
녹슨 곳에 기름 치고 닦아 광내어
지금부터 매끄럽게 잘 달려보련다.

이제 그들이 갈 곳은 어디

올해는 가을이 없이 겨울이 다그쳐 오고 있다
차창밖엔 아침 안개비 속에 낙엽이 내린다

마지막 장식을 아름답게 꾸미려던 가로수들의 꿈이
채 단풍이 들기도 전에 차가운 안개비 속에 우수수 낙엽으로 내린다
부러진 꿈을 앓고 떠나는 모습은 언제나 처연한 것

유럽에선 끝없이 밀려드는 난민들을 어찌할 수 없어
들어오는 난민들을 경계선에서 다시 돌려보내야 한다고 한다
망망대해에 표류하다 죽음을 면한 난민들을 구조한 선박을
입항 허락하는 항구는 유럽 그 어느 나라에도 없다
한 구조선 여 선장은 난민을 구조해서 입항했다고 구치소에 감금됐다
귀중한 인간의 생명을 구조한 일은 그 나라에 해를 입혔다

〈

  지금 이 독일엔 난민을 받아야 한다는 인도적 차원의 이념과
  내 나라가 우선이라는 개념이 팽팽히 맞선다
  그러다 보니 극우주의를 숭상하는 AFD라는 당이 창당되었다
  그 당의 지지율은 날로 높아간다
  독일 현 집권당 난민 정책이 만들어 낸 산물이다

  기아와 전쟁을 피해 오직 살아남기 위해
  죽음을 무릅쓰고 고향 떠난 난민들을 받아주는 나라가 없다
  수만 명이 넘는 아프리카인들이
  지중해의 망망대해를 표류하다 바다에서 삶을 마감한다
  이런 실정을 알면서도 난민길에 나설 수밖에 없는 그들이 설 곳은
  이 지구촌 어느 한 곳도 없다.

꽃보다 더 아름다운 린덴바움*

우리가 이곳에 이사 오기 전부터
문 앞 그 자리에 묵묵히 자리를 지키며
아침 창문을 열면 정화된 산소를 주고
차량의 소음을 몸소 받아 내는 린덴바움

나는 너의 고마움을 전혀 느끼지 못했다

오히려 너는 나에게
봄에는 꽃가루로 알레르기 나게 하고
여름엔 씨방 쓸기, 가을엔 낙엽 쓸어 모으기,
일만 만드는 귀찮은 존재, 미운 나무였다
사철 따라 변해가는 너의 모습
나의 눈에 들어온 적 없었다

오늘 아침 실바람에
눈에 가득한 황금 잎새 날리며
슬픈 가을의 노래를 하는 너는
생면부지 거대한 자연 철학자다

〈
무던히도 길었던 여름 불볕을 견디어
인내로 빚어 곱게 물들인 슬픔의 응어리를
꽃보다 더 아름답게 반영해내는.

*보리수나뭇과의 나무

거울 속 나의 복제들

놀랍다
똑같은 내가 거울 속에 저토록 수없이 들어 있다니!
의상실 가운데 서서
좌로 고개를 돌려 보면 내가 열하나, 우로 봐도 내가 열하나
무려 스물둘의 거울 속 내가 나와 똑같이 행동한다

거울 미닫이문 옷장을
마주 세워 놓은 지가 벌써 3년째다
매일 아침 그 방에서 운동했는데
오늘 아침에 수많은 내가 거울 속에서
운동하고 있는 것을 발견하니 어이가 없다

평상시에 흘려 보던 것들이 눈에 확 들어올 때가 있다
그땐 어김없이 한 편의 시가 탄생한다

만약 저토록 많은 실질적 나의 복제가 생존한다면
무슨 일이 일어날까?
각자마다 다른 삶을 살며 개개인의 영혼이 존재할까?

감정 기호 취미 사상 지능 인격 신앙은 다를까? 같을까?
 내가 어느 공포 영화의 한 주인공이 될 수도 있겠지

 오늘 아침
 급속도로 발전해 가는 체세포 생명공학을 인도적 차원에서
 정의의 여신 디케의 법 저울에 올려본다.

잔치할 이유 있네

별처럼 총총한 꿈으로 꽃 피우고
벌 나비와 더불어 살던 봄의 시절
잎사귀 무성하여 신록 안에
새들이 둥지 틀고 노래하던 여름의 시절
세월 속에 어느덧 다 지나가고
가을을 맞은 한 인생 나무
이젠 묵묵히 자아의 내면을 살피며
인생의 연륜에서 얻어진 귀한 것들로
자신을 곱게 다듬어 가야 하는 시절임을 압니다

예부터 지혜로운 동방의 사람들은
사람과 동물을 일월성신에 감지感知해 가며
인생이 맞은 예순 번째 생신에는 회갑연을 베풀고
사랑하는 가족, 친지, 이웃들과 함께 모여
즐겁게 잔치하는 뜻을 생각해 봅니다

회갑을 맞은 사람들은
인생의 내리막길로 가는 게 아니라

인생의 가장 원숙한 향기 속에
성숙한 발걸음으로 이제까지 접어둔 자신의 꿈을 향해
새롭게 발자국을 내딛는 때입니다
그래서 회갑에는 즐겁고 신명 나게
한바탕 잔치할 이유 있습니다.

진주조개 가치관을 아시나요

진주조개 산실의 고통을 당신은 아시나요?
몸속까지 파고들어 살을 찢는 미운 것을
맨살로 갈고 액을 덧입혀
귀한 보석으로 만들어 가는
피눈물 홍건한 산실의 고통을

진주조개 가치관을 당신은 아시나요?

융화될 수 없는 이물질을
살기 위해 혼신으로 포용하여
인내와 희생으로 자신의 분신으로 만들어
진귀한 보석으로 다듬는
생의 지혜를 터득한 그 가치관을.

4부

저 하늘의 별 중엔

내 무덤엔 꽃을 가져오지 말라

나의 인생의 스승, 사랑하는 친구 앨프리데여!
우리가 나란히 서서 찬양할 땐
평화의 비둘기 나래를 펴고
하늘은 오직 한 하늘이었어요

나의 인생의 스승, 사랑하는 친구 앨프리데여!
'내 무덤엔 꽃을 가져오지 말라,
꽃 대신 굶주리는 아이들의 한 조각 빵이 되게 하라'
당신이 마지막으로 남긴
세상을 끌어안은 사랑의 메시지 이 한 마디를
나의 삶의 지침으로 삶으렵니다

나의 인생의 스승, 사랑하는 친구 앨프리데여!
지금 이 교회당에 화관은 없어도
당신의 사랑이 꽃향기로 흐릅니다
당신의 사랑이 빛으로 흐릅니다
당신을 보내며 찬양하는 나의 마음 저 깊은 곳으로
부터
알 수 없는 사랑의 샘물이 솟아오릅니다.

국립 5·18 민주묘지에 가던 날

광주 광천터미널 짐 보관소에 여행 가방을 맡기고
518번 버스를 타고 국립 5·18민주묘지로 간다
건너편 좌석에 혼자 무어라 중얼거리는
여인의 눈빛이 무섭고 심상치 않다
바로 그녀 앞에 앉은 젊은 여자가 핸드폰 통화를 지속한다
무서운 눈빛 여인의 인내가 한계에 달한 모양이다
벌떡 일어서서 뒷좌석으로 가며 큰 소리로
내 귀엔 이미 생소해진 추한 쌍욕들을 퍼부어 댄다
표독한 얼굴에 살기가 등등하다
무슨 불길한 일이 일어날 것 같아 불안하다
무엇이 저 여인을 저토록 사납게 만들었는가?
어떤 트라우마에서 저 연인은 벗어나지 못한 건가?

우리 대한민국이 결코 잊어서는 아니 될

조국의 역사에 길이 남을 민주항쟁 5·18 그 참사
그 시절 나는 독일에서 소독 내음에 젖어 생업에 충실했다
그런데 저 여인은 혹시 그 참상 한가운데에 있지는 않았을까?

어쩌면 교복 차림의 피투성이가 된 차디찬 순정의 친구를
가슴에 안고 오열했을지도 모르겠다
국립묘지로 가는 518 버스 안이라서
적의에 찬 증오의 눈빛이 내 가슴에 대 못으로 박힌다

어느 날 병원 야간 근무를 하는데
담당 의사가 스테안Stern 잡지를 들고 와서
친절을 베푸는 듯 한국 5·18 참상의 보도를 펼쳐 보여주었다
나는 경악을 금치 못했다
그 자리에 내가 숨을 쥐구멍이 없어 너무 슬펐다

5·18 묘지는 오늘따라 인적 없이 스산하고
보도 곁의 노랗게 물든 나뭇잎들이 찬바람에 낙엽으로 내린다
분향소에서 민주화를 위해 희생한 임들의 영령 앞에 고개를 숙인다
그날 밤 스테안 잡지에서 보았던 참상의 사진들이 뇌리에 스쳐 갔다.

국립 5·18 민주묘지 충혼탑 앞에서

임들은 이곳에 잠들어 있습니다
난 머나먼 지난 세월
조국의 가난은 내 꿈을 가로막는 장벽이라고
고국을 등지고 라인강의 기적을 찾아 떠났습니다

난 지금 충혼탑 앞에서
임들은 자유민주주의 체제를 상실한 대한민국은
즉 조국의 환란이었기에
목숨을 아끼지 않고 거리로 뛰어나가
제압의 잔악한 총칼에 맞섰음을 기억합니다

이제 조국은
먼 시절 가난을 피해 조국 떠나 독일 땅에서
땀과 눈물로 돈벌이한 우리를
국가에 공헌한 자들이라고 부릅니다
하물며 임들이시여!
그 진한 애국정신으로 희생하신 임들을
우리는 무어라 부르겠습니까?

〈
임들은 이제 이곳에 잠들어 있지만
대한민국은 임들의 희생정신 의분의 피로
어둠을 촛불로 밝혀 민주화를 심었습니다
대한민국의 민주화 촛불집회는
온 세계에 평화적 상징이 되었습니다
나는 임들을 선구자라고 부르겠습니다.

저 하늘의 별 중엔

저 하늘에 별 중엔 사랑하는 나의 별들이 있어요
적막한 밤 왠지 마음 허전해 가슴 냉랭해지면
밤하늘 수많은 별 중에
내가 이름 매겨준 별을 찾아보아요

사랑하는 나의 별 지그리드
찌그러진 얼굴에 절뚝발이 미운 오리
코 먹은 소리로 응얼거리는 지적장애 할머니
보는 사람 모두 다 너를 외면하고
코리아의 간호사 나의 동료들도
식당에서 돕는 네가 싫대, 불쾌하대
하지만 너의 가슴엔
세상에서 귀한 진주, 사랑이 살고 있었어

사람이 그리운 독일의 한 지적장애인 요양원
우울증에 부합한 요소들이 넘실대는 곳
내 나이 스물넷에 기숙사 단칸방에 홀로 누워
병명을 모르니 향수병이라는 명목으로
꿈과 희망을 사망으로 바꾸어가던

〈
음식 가져다주어도 나에겐 오직 그림의 떡
무거운 발걸음으로 돌아서던 너
어느 날 뼈만 앙상한 나에게
감자 죽 한술 떠서 입에 대어주며
이 간호사야, 이 죽 먹어라.
안 먹으면 넌 굶어 죽는다. 제발 좀 먹어라
두 눈에 눈물 가득하던 그 사랑

네가 먹여주는 눈물의 감자 죽
메마른 육신의 피와 살이 되었고
모정 같은 너의 사랑 시들은 내 영혼의 양식이었지
세상 사람들 널 미워하고 천대해도
나에겐 오직 귀한 한 사람 나의 생명의 은인이었어
사랑하는 나의 별 지그리드
영원한 나의 친구 고귀한 진주조개.

이름 없는 무덤 앞에

그녀가 살아서는 안나 링이라는 이름을 가졌다
그러나 그녀의 무덤에 세워진 묘비엔 그 이름이 없다
거기엔, 하인리히 링, 메타 링이라는 두 이름이 있을 뿐
이 이름은 안 나 링의 언니와 형부이자 남편의 이름이다
안나 링의 언니가
차마 홀로 두고 눈 감을 수 없는 반신불수의 남편을
독신녀인 동생, 안나의 손에 부탁하고 숨을 거두었다
그 형부는 두 해 만에 처제에게 결혼신고서를 유산으로 남겨주고
저세상으로 갔다
그녀가 나이테를 예순세 번째 두르던 해이다
안나 링은 미망인의 연금으로 구차하지 않은 삶을 쓸쓸히 살았다
전쟁의 이슬로 사라져버린 첫사랑의 순정
밤하늘에 반짝이는 견우의 별을 바라보며

그 이후 그녀는 한 아파트 건물로 이사 온
한 코리언 가족을 사랑으로 품었다
간호사인 아이 엄마가 직장엘 가면

안나 링은 한 살배기 아이 대리 엄마 역할을 했다
그녀의 인생에 가장 행복한 시절이었다
그 아이는 청년이 되고 그 가족과는 한 식구처럼 지냈다

세월이 지나는 동안 언제부터인가
그 아이의 엄마가 안나 링을 보살펴 주었다
안나 링은 향년 팔십팔 세로 은하수를 건너 견우에게 떠나갔다

그녀의 육신은 한 줌의 재로 언니와 형부 곁에 묻혔지만
언니의 딸은 자신의 아버지 어머니의 이름이 나란히 새겨진 묘비에
이모의 이름을 새겨 넣어주질 않았다
그래도 그 코리언 가족은 그 무덤이
자신의 짧은 이름 하나 새겨 넣을 곳 없는 이 세상에서
남을 위한 사랑으로 외로움을 달래며
평생을 신실하게 살아온 안나 링의 무덤인 줄 알기에
어머니날에 하얀 카네이션 한 묶음을 묘비 앞에 놓고 고개를 숙인다.

꿈이 아닌 꿈에서 깨어났을 때

내가 선 땅에선 나의 꿈 꽃이 될 수 없노라고
눈물 젖은 어머니의 손 매정하게 뿌리치고
24살의 파독 간호사로 먼 하늘 훌훌 날아왔다

사람들이 그리운 섬 아닌 섬 그늘에서
알 수 없는 병으로 단칸방 기숙사에 홀로 누워
어느 날, 숨이 막혀 방문을 열어 놓고 의식을 잃었다
지나가던 동료가 보고 의사를 불러와서
아! 그때 사망의 진단을 받았다고 한다

얼마나 짧은 시간이었을까?
아니, 얼마나 긴 시간이었을까?
그 수수께끼의 시간은 영영 풀 수 없는 신비로 남았다

들꽃들이 깔린 아스라한 초원 저편에
해보다 더 밝은 빛 속에
나를 사랑하는 이가 있다고 했다
아니, 내가 사랑하는 이가 있다고 했다
누구인지는 알 수 없었다

나는 그를 향해 쏜살같이 질주하다
꿈이 아닌 꿈에서 깨어났었다

요양병원 코리아 간호사들이
동족 동료의 죽음을 통곡하다
경악의, 기쁨의 함성을 질렀을 때
아! 나는 알게 되었다
이 세상의 삶은 오직 한순간의 짧은 꿈이라는 걸

나의 삶의 수레바퀴는 내가 스스로 돌릴 수 없고
나의 생명의 기한과 죽음마저도
오직 어느 한 전능자의 영역 안에 있음을 알았다.

사랑하는 박 권사님을 보내며

벌써 37년 전의 일입니다
제가 겔센키르헨 반홉스트라세에서 박 권사님을 처음 만났던 때가

그때 권사님은 신록이 한창 무성한 나무처럼 청청하고 생동감으로 젊음의 미가 넘치셨지요 신록이 무성한 나무는, 보는 이들의 마음을 시원하게 해주고 소망을 줍니다

그중에서도 아름다운 나무는 햇살 비추면 잎새들이 푸른 보석처럼 빛나고 미풍에도 잎을 흔들어 춤을 추며 나지막이 노래하는 나무이지요

권사님은, 한 그루 아름다운 나무이셨습니다
감정이 남달리 풍부하신 권사님께서는 즐거운 자리에서는 손바닥이 아프게 손뼉을 치시고 춤까지 덩실덩실 추시며, 어린아이처럼 흥겨우셨습니다

슬픈 일을 당한 사람 앞에서는 눈물을 감추지 못하

셨지요

특히 어려운 처지에 있는 사람들에게는 자신이 가지신 소유도 아끼지 않으시고 손을 펴서 늘 도움을 베푸셨습니다

저희는 권사님의 그 사랑을 오래오래 잊을 수가 없을 것입니다

권사님은, 뿌리를 굳게 내리고 태풍에도 꺾이지 않는 한 거목이셨습니다 병원에서 근무하시다 C 간염 병을 얻어, 벌써 18년 전에 앞으로 남은 생명의 기한이 8개월 정도라는 의사들의 선고에도 전혀 요동치지 않으시고 운명에 굴복하지 않으셨습니다

생명의 기한은 하나님께 있으니, 숨 쉬는 동안에는 이 세상에서 육신의 장막집을 잘 지켜야 한다고 하시며, 무려 18년이라는 긴 세월 동안 건강을 잘 관리하시며 믿음으로 기도로 사셨습니다

이렇게 불굴의 의지로 놀라운 기적을 낳으시며, 저희에게 믿음과 생명의 존귀함을 인식시켜 주셨습니다

　권사님은, 때를 아는 한 그루 지혜로운 나무이셨습니다
　권사님께서는 약 3주 전에, 이제 하나님께 갈 날이 아주 가까웠다는 것을 아시고 어떤 치료받는 것도 다 거부하셨습니다
　그러고 나서 "이렇게 마음이 편하고 홀가분하다."고 하시면서 너무나 평화로운 모습을 보여주셨습니다

　인생들이 가장 힘들어하는 일, 철저한 비움과 생명마저 포기하는 일이 얼마나 큰 평화를 안겨주는지를 몸소 보여주셨습니다

　이 세상에서 사랑과 믿음으로 살아오신 사랑하는 권사님
　이제는 눈물과 고통과 슬픔이 없는 천국으로, 그렇게 낙엽 한 장처럼 가볍게 훌훌 떠나가신 권사님을 보

내드리며, 슬퍼하지 말아야 한다는 것은 잘 알면서도, 이렇게 울고 있습니다

언제나 영원한 고별은 이리도 슬픈 건가 봅니다
그러나 언젠가 천국에서 다시 만나 뵙기를 고대하면서 이만 눈물을 거두렵니다.

*2010년 12월 9일 고 박정자 권사님 장례예배에 조사로 낭송한 시

그때 그는 울부짖지 않았다

감나무 집이라 불리는 오두막에서는
그 집의 가장 신 씨의 고함이 잦았다
유난히 작은 체구에서 나는 그 우레 같은 소리는
가난을 토해내는 그의 한이라 했다

어느 날
"사람 살려."라고 마을 앞에서 부르짖는

그의 포효(咆哮)가 온 동네를 깨웠다
쫓아가 보니, 그 집의 누런 황소가 좁은 논두렁 사이에 끼여
네 발을 허공에 허우적거리고 있었다

또 어느 한 날은
감나무 집에서 대성통곡 소리가 이웃을 깨웠다
쫓아가 보니 둘러선 사람들이 쯧쯧 혀를 차며
"하늘이 무너진 게여 하늘이."라고 했다.
그때 대통령 후보 신00 씨의 비보를 두고 하는 말이었다
왠지 그 집 맏아들 나의 소꿉친구가 불쌍했다

〈
그 황소가 사라진 것은 그 집 맏아들 나의 소꿉친구가
서울에 고등학교를 입학한 때부터이다
그리고 감나무 집 집터에는 기와집이 들어서고
낯선 사람이 들어와 살았다

그로부터 몇 해가 지난 어느 날 그 소꿉친구는
추석에 고향 방문을 왔다고 얼굴을 내밀었다
그 후로 그는 종적을 감추었다

그가 사라진 지 달포가 지난 어느 날,
월출산 기슭에서 아들의 시체를 찾아왔을 때
그때 그는 울부짖지 않았다
밭떼기 위에 쌓아 올린 토담집 안에서는
줄줄이 커 나던 코흘리개 여아들의 훌쩍이는 소리와
그의 어머니 흐느끼는 소리만 흘러나오고 있을 뿐이었다

그 후 상당한 세월이 흐른 후에 나는 알게 되었다
나의 소꿉친구가 그동안 학교를 그만두고
어느 이단 종파 집단에 들어가 살다가
그때 고향에 왔었다는 사실을.

늙은 배나무의 독백

찬바람이 가을을 마무리 지으며
남은 잎새들마저 어서 다 떨구어 내라 나를 재촉합니다
그동안 떠내 보내는 나의 분신들을 곱게 단장한다고
나의 혼신을 다 했지만, 그래도 변변치 못했다는 생각에
석별의 아쉬움이 이토록 가슴을 메입니다

오늘 아침엔 울타리 건너 풋내기 시인이
나더러 돌배나무라고 시를 지어
읊조리는 소리를 듣고 한없이 울었습니다
십여 년 전만 해도 아파트에 사는 아낙네들이
아침 일찍이 나와서

나의 열매를 줍던 기억들은 다 잊었겠지요

이젠 저 늙은 배나무를 베어내야 하는데, 라는 말을
들어온 지도
벌써 몇 해째가 됩니다
난들 이젠 그만 갈 때가 됐다는 걸 잘 알지만
어찌 그게 생을 지닌 자들의 뜻대로 되기나 합니까?

그러나 한숨도 눈물도 다 부질없는 것임을 압니다
이 세상의 풍조는 이렇게 변하고
생의 순리라는 게 다 그런 것인 걸 난들 어찌하겠습니까!

이제 된서리가 내릴 모양입니다
또 매서운 찬바람이 불어오고 눈도 내리겠지요
젊음의 날 혈기 왕성할 때야
봄이면 일찍이 흰 구름 같은 꽃을 피워내고
풍성한 열매 맺어낼 꿈으로 추위도 아랑곳없었지만
이젠 겨울이 이리 춥기만 하고 몸서리가 납니다
그래도 겨울은 어김없이 오겠지요

난 이제 또 이 한겨울을 발가벗고 눈 속에 떨며
이 땅에 뿌리내리고 살아 숨 쉬는 동안
 온 힘을 다해 나의 진액을 모아 저장해 두어야 할 것입니다
 봄이 오면 하얀 꽃을 몇 송이 피워내고
 나의 앙상한 몸을 가릴 잎사귀도 맺어 낼 것입니다
 올겨울이 그리 길지 않았으면 좋겠습니다.

슬픈 얼굴

남편 친구 집에 방문했다
넓은 뒤 정원을 둘러보니 한 귀퉁이에 텃밭을 만들어 놓았다
그걸 본 나는 마음이 흐뭇하다
부인이 채소를 키울 만큼 정신적 회복이 되었다는 생각에

우리는 테라스에 앉아 대화했다
그녀의 남편은 부인이 물컵에 가득 따라준 적포도주를 한 손에 들고
담배 한 개비를 손가락에 끼고
두 계단을 내려가서 잔디밭의 작은 나무 의자에 앉는다
라이터로 담배에 불을 붙여 두 모금을 빨다가 풀밭에 던지고
허공을 멍하게 바라본다
부인은 우리를 대접한다고 내온 수박 조각을 혼자서 다 먹어 치웠다
그녀의 현재 정신 상태를 가늠할 수 있었다

〈
부인이 뇌출혈 수술을 받은 지 3년째다

그녀가 수술 후에 병원에서 퇴원할 때
의학박사도 이해할 수 없고, 병리학으론 불가능한데
신체의 불구 없이 치료되었다고 기적이라고 했단다
그녀의 뇌 사진엔 지금도 한쪽이 시커멓다고 한다

정신 기능에 약간의 장애가 있는 아내를
지극 정성으로 거들어 주는 남편이
물속 발 마사지가 뇌를 촉진한다고
매일 잠자리에 들기 전에 플라스틱 통에 더운물을 담아 와서
아내의 발을 담가 정성스럽게 마사지한단다
지성이면 감천이라는 말 이런 경우를 두고 하는 모양이다

아내는 남편의 사랑을 입에 침이 튀도록 자랑한다
남편은 내가 왜 독일에 와서 이런 고뇌의 삶을 사는지

때론 회의에 빠진다고 말한다

젊어선 3살 된 딸아이를 백혈병으로 잃고
아내는 수년 전 안면 마비로 고생하다 치료받았지만 심한 우울증으로 시달렸단다
벌써 두 번이나 뇌출혈 수술을 받고 기적적으로 생명을 건졌단다
허공에 시선을 둔 그의 얼굴에 지친 삶의 슬픔이 짙게 묻어난다

이국 생활에서 건강치 못한 아내를 둔 가장의 슬픈 얼굴이다
나의 마음 저 깊은 곳에서 알 수 없는 아픔이 스민다.

조선의열단에 부치는 시

조선의열단!
처음 이 말은 저에게 아주 생소하게 들렸습니다.
그러나 조선의열단은 일제강점기에
항일독립 무장투쟁의 핵심적인 단체라는 것을 알았을 때
저의 가슴은 감격으로 뜨거웠습니다

아! 억겁의 세월이 흐른다 해도 우리 어찌 잊으리요
나라 빼앗긴 민족의 통탄이 조국 산천과 하늘까지 사무치던
기나긴 일제강점기 그 암흑의 세월을

조선반도를 침략하여 자유와 언어를 박탈하고
민족 정체성까지 말살하려는 잔악무도한 일본에 비분강개하여
항일 독립투쟁으로 젊음을 바쳐 희생하신 임들의 그 고귀한 피를

지금도 일본은

지난 군국주의 만행을 자각할 줄 모르고 악순환을 꾀하여
우리 땅 독도를 자기 땅이라 주장하며 망언을 펼치고

일제강점기에 이제 갓 꽃봉오리 맺은 조선의 소녀들 강제 동원하여
위안부라는 굴레를 씌어 평생에 지울 수 없는 한의 멍울 맺혀 놓고
청청한 푸른 꿈의 젊은이들 강제 징용하여 아비규환에 몰아넣은
과거의 죄를 사죄할 줄 모릅니다
오히려 역사를 왜곡하며
정당한 강제노동 배상 판결의 보복행위로 경제침략을 도발했습니다

임들의 그 의분의 애족 정신을 이어받은 우리
일본의 야비한 경제침략에 속수무책 당하지만은 않겠습니다
온 국민이 한마음 한뜻으로 뭉쳐

당당히 맞서 싸워 결코 승리하겠습니다

우리는 임들의 얼을 받들어
애국 실천 불 화산으로 역동하여
정녕 대한민국을 세계 경제 대국 반열에 우뚝 서게
할 것입니다.

*2019년 9월 7일 조선의열단 기념사업회 유럽지회 창립총회에 낭송

5부

하얀 새의 여로

바닷가 향나무

바닷가에 서 있는 향나무 한 그루
거센 바닷바람에 굽혀진 허리
휘날리는 짠 소금에 거칠어 터진 표피
태양의 광열^{光熱}에 건조해진 이파리

망망대해 바라보며
망연자실 그 누구를 기다리는
한 모정의 모습에 두 눈 흐려지며
이리도 마음 아려 발걸음 휘청거립니다

한 생애를 고스란히 희생으로 살아오신
나의 어머니!
어머니의 모습을 봅니다.

하얀 새의 여로

하얀 새는 하늘을 날기보단
땅만 보고 걸었네
꿈을 향해 창공을 훨훨 날기엔
날개깃이 너무 빈약했네
잃어버린 꿈을 찾아
백의의 천사 날개 덧입어
먼 하늘 날아왔지만
이곳에도 찬연한 꿈을 향한
무지개다리는 보이지 않았네

청아한 소리로 노래해야 할 하얀 새
이역만리 하늘 아래서 늘 울었네
언어가 통하지 않아 노래 대신 울음 울었네
떠나온 고국 하늘 까마득히 멀어
날아갈 수조차 없어 부모 형제 그리며
외로움에 지쳐 홀로 울었네
억울한 일 당해도 변명조차 할 수 없어
가슴앓이하듯 파랗게 멍든
작은 새가슴 두드리며 남몰래 울었네

〈
소독 냄새 몸에 배고
낯선 말, 귀에 익고 입이 열렸을 땐
하얀 새는 고국으로 돌아가야 했네
정약한 삼 년 기한이 지났다네
그때 독일인들은 하얀 새에게 말했네

당신은 하얀 새가 아니라 하얀 천사입니다
이 땅을 떠나지 말고 부디 우리 곁에 머물러 주세요

하얀 새는
외로움 중에 이곳에서 짝짓고 둥지 틀어
자랑스러운 사랑의 결정체
독수리를 능가한 영특하고 민첩한 새들로
버젓이 띄어놓았네
이방인의 나그네 하얀 새는
독일 하늘 아래 지친 날개를 접고
눈물 많은 발자국을 되돌아보며
인생의 가을을 나직이 노래하네.

어머니의 비손

갈바람에 갈잎들 노래하는
제란드 바닷가
싸늘한 새벽안개 속
꺼억 꺼억 울어 예는 물새 울음소리
무슨 애절한 사연 있어
저리도 애타게 울어 대는가?

목쉰 물새 울음소리에
어머니의 그 비손 아련히 떠오른다
날이면 날마다 이른 새벽
동네 우물에서 물 길어
정화수 떠다 부뚜막에 두고
월남전에 간 아들 무사를
두 손 비벼 간곡히 비시던

세월 흐른 후
새벽마다 교회당에 무릎 꿇어
파독 간호사로 간
고명딸의 무사함과 복을
두 손 모아 간절히 기도하시던.

겨울 보리밭 길에서

얼어붙은 대지에 찬 서리 허옇게 껴도
고개 꼿꼿이 세운 강인한 집념이다

가난한 민생들이
방앗간의 고운 겨로 주린 배를 채우고
칡뿌리의 단맛으로 허기진 배를 달래던
보릿고개의 아픈 삶을 알기에
설한의 시림도 꼿꼿이 참아 내던
불굴의 그 생명력이 여기에 있다

배고픔을 달래는 아이들의 보리피리 음률 따라
작은 바람에도 가지런히 물결치던
너의 아름다운 자태를 그려본다

새벽 별 아래 절구통에 겉보리를 찧어
보리밥 지으시던 어머니 생각에
눈앞 흐려지며 숙연히 고개를 숙인다.

애국지사 아버지께 드리는 헌시

아버지께서 학창 시절에 조국을 지향한 불타는 애국의 피 가늠할 수 없어 광주학생항일운동에 동생과 나란히 광주시가를 누비며

목청껏 외치신 대한독립 만세 소리는
빼앗긴 조국 하늘에 높이 울려 퍼졌습니다

주택 감금을 당하시어 귀향하셨지만
야학을 세워 젊은이들에게 한글과 항일사상을 가르치시고
항일운동을 지속하시다 옥살이를 몇 번이나 하시며
일경의 잔악한 억압에도 굽히지 않으신
아버지의 항일정신은 한 포기 늘 푸른 담쟁이덩굴이셨습니다

사면에 담벼락이 둘러쳐 있어도
그 담벼락을 넘으면 자유의 조국이 거기 있음을 아셨기에
청년 담쟁이덩굴들을 이끌고 쉼 없이 담벼락을 오르셨습니다

손이 부르트고 온몸이 상해도 멈추지 않으셨습니다

내 조국이 없는 캄캄한 하늘 아래 삶은 죽음보다 못한 것이기에
　가족의 생계는 뒷전에 두고 모든 가산을 다 바쳐
　오직 조국 찾는 집념으로 희생하셨습니다

아! 그렇습니다
담벼락 너머는 조국이 숨 쉬고 있었습니다
먹장구름 걷히니 밝은 태양 하늘이 거기 있었습니다
조국 해방의 밝은 아침이 정녕 오리라는
　아버지의 꿈은 이루어졌습니다
아버지의 독립투쟁 희생의 대가는 정녕 헛되지 않았습니다
어떤 억압에도 굴복하지 않는 아버지의 담쟁이 애국 정신은
　지금도 살아서 이 땅에 대대손손 줄기차게 뻗어 나가고 있습니다.

　*대전 현충원 애국지사 제이 묘역 아버지 묘소 앞에서

겨울 산책길의 상념

  겨울 산책길 매운 찬바람에 손이 시리다
  오랜 세월 톱니바퀴로 맞물려 우리의 삶을 일구어 온 투박한 손안에
  나의 차가운 손을 맡긴다
  언제나 따뜻한 그의 손으로부터 온기가 전해온다
  이젠 우리도 두 손 꼭 잡고 산책하는 이국의 노부부가 되었다
  청청한 꿈으로 부풀었던 청춘에 이 독일에 처음 와서

  노부부가 두 손 꼭 잡고 산책하는 모습에
  진정 인생의 미가 흐르는 사회라고 크게 감동하였었다

  우리가 즐겨 찾는 작은 동산에
  아직 흙이 되지 못한 낙엽들 여기저기 흩어져 있고
  마른 고사리 잎들 살얼음에 엉키어 있다
  수년 전 유럽의 꽃의 섬이라 불리는 마데라에 휴가 갔을 때
  둥지가 한 아름이 되는 울창한 고사리 숲을 보고 경악을 금치 못했다

겨울이 없는 그곳엔 일년생 식물이 모두 나무로 자라고 있었다
한 우물 안의 개구리 한계의 철학을 깨닫고 겸손히 고개를 숙였다
여름이면 푸른 치마 무성하던 브롬베리 덩굴들이
비비 꼬인 가시덩굴로 눈을 찌른다
언젠가 창조주 앞에 서는 순간 우리의 실상도
저토록 적나라하게 드러날 것이다
그때 우린 저 비비 꼬인 브롬베리 덩굴처럼 흉측하게 드러나지 않도록
환경과 영역에 겸손히 순응하며
탐욕과 헛된 욕망이 섞이지 않은
순수한 반죽으로 하루하루 빵을 구워야 하리라

이젠 싸락눈이 내리기 시작한다
나그네 여정 초로의 길을 가는 노부부
우리의 여생이 얼마일지 모르지만
늘 이렇게 둘이서 손 꼭 잡고 산책할 수 있기를 기도한다.

생명 줄이 된 김밥 한 줄

나 어릴 적에 아침에 일어나 툇마루에 서면
안개로 유희하는 월출산이 눈앞에 우뚝 서 있었다
난 젊은 시절에도 등산을 못 했다
친구들 산정을 향해 올라가면 혼자 산 중턱에 남아
산나리를 꺾으며 노래하며 기다리노라면
적요하던 산에 뻐꾸기들이 이곳저곳에서 합창곡으로 화답했다
월출산 아래 살면서도 천왕봉을 한번 오르는 건
그저 한낮 꿈이었을 뿐
그 숙원 이루지 못한 채 젊은 나이에 독일로 왔다

사십여 년 세월 지난 후 지난 고국 방문 때

그 숙원 이루어 보리라 둘이서 과감하게 나섰다
출발 전에 친구는 말했다
"월출산은 세 시간이면 충분하니 점심은 다녀와서 함께 먹자"
그래도 사람 일은 모르는 것,
가는 길에 김밥 한 줄을 사서 각자 배낭에 담았다

월출산이 그토록 가파른 줄은 미처 몰랐다

산정에 올랐다고 생각하면 다시 가파른 하향길
몇 번을 거듭되는 고난 끝에
바위에 앉자 숨을 고르는 우리를 스쳐 가는 한 여인이
블루진 바지로 산을 오르느냐고 놀라서 말했다

오직 집념으로 죽을힘을 다해 정복한 천왕봉에 섰다
산정에 서서 아스라이 펼쳐지는
고향 마을을 내려다보는 꿈같은 순간이었다
어려서 가진 숙원을 회갑이 지나서야 이루어 냈다

남들은 세 시간 걸린다는 월출산 등산을
남편과 둘이서 수 번을 쉬어 여섯 시간이 넘게 걸렸다
물 한 병으로 산을 오르는 도중 갈증을 해소하고
내려오는 길은 갈증으로 생사의 투쟁과도 같았다
그때야 우리는 무기 없는 병사가
적진으로 전진하는 무지를 범했다는 것을 알았다
친구는 우리가 당연히 구름다리까지 갔다가 돌아오
리라 생각했단다
천만다행 그날 김밥 한 줄은 혈당 환자인 나에겐 생
명 줄이었다.

김장김치

세월이 흐를수록 더욱 기승을 부리는 나의 김치 사랑
김치는 어쩜 나에게
나이가 들수록 밀물처럼 밀려오는
향수를 막아주는 방파제가 되는지도 모른다
이젠 김치 없는 나의 삶은 상상할 수가 없다

독일교회에 성가 연습하러 가는 매주 수요일 저녁은
마늘 진득한 김치를 금해야만 하는 밥맛 뚝 떨어지
는 날이다
그때마다 나는
통마늘을 된장에 듬뿍 찍어 와삭와삭 씹으며
푸짐한 대화가 오가는 활기찬 인생의 장,
내 조국이 눈물 나게 그립다

무려 사십 킬로의 김장을 했다
이 전만 해도 이웃들과 함께 모여 신명 나게 했는데

오늘은 우리 부부 둘이서만 했다
이제는 자신들의 살림살이도 귀찮은 나이가 되었다

〈

  저녁 식탁에 김장김치는 가족들의 찬사의 날개를 입어 높이 뜬다
  나는 감칠맛 나는 김장김치에
  아직은 나에게 젊음이 살아 있다는
  싱싱한 만족감을 둘둘 말아 한입 넣는다
  나중에 찬양곡이 마늘 냄새와 어울려 춤을 춘 데도 어쩔 수 없다
  김장김치 절제할 능력이 오늘만큼은 없다.

맛조개

영산강물이 도포 앞바다*를 거쳐 흐르던 그 시절
나의 고향 영암의 동녘 하늘이 붉어 오면
갯마을 여인네들의 긴 행렬이 이어졌다
도포 앞바다에서 맛을 캐서 담아 머리에 이고
이십 리 길 읍내 장터로 줄달음질 쳤다

가끔 어머니는 신작로에 나가셔서
그중 한 여인을 집으로 인도해 왔다
여인은 기계적인 손놀림으로 맛을 까서 양푼에 담아 주고
맛 값을 챙겨 불이 나게 가던 길을 재촉했다

어머니는 그 맛을 살짝 데쳐 새콤달콤 맛 무침 하시고
그 맛을 넣고 호박 나물을 볶고, 미역국도 끓이셨다
나는 음식 중에 맛을 가장 좋아했다

내가 첫애를 가졌을 때다
내 눈앞에서 그 맛은 떠난 날이 없었다

그 맛을 먹을 수 없어 괴로웠다

내가 그때 어머니께 전화로 얼마나 맛 노래를 불렀던지
수년 후에 고국 방문 갔을 때 맨 먼저 나에게 맛 요
리를 해주셨다

아무리 세월이 흘러도 진한 향수로 남은 고향의 맛조개!
이젠 고향엘 가도 그 싱싱한 맛을 먹을 수 없다.

*지금은 간척사업으로 평야가 된 곳

덤으로 사는 삶

 온 시야에 하얗게 덮인 서리가 보는 마음을 시리게
합니다
 겨울이면 매일 아침
 창 넘어 기와지붕 사이로 솟아오르는 나만의 일출이
보이지 않고
 흐릿한 물안개만 어른거립니다

 내 삶 중에 맞이하는 일출처럼
 소망의 주님으로 가득할 때가 있었습니다
 주님을 만난 첫사랑의 마음 청순했던 행복한 시절
이었습니다

 울창한 산림 속에 살아남기 위한 수단으로
 자꾸만 키를 위로 치솟으며 빈약한 나이테를 두르며
살다 보니
 벌써 고운 단풍마저 내려 보내야 할 인생 늦가을이
왔습니다

 짙은 안개 속 오랜 세월 배회하다 늦둥이로 찾아온
문인의 꿈을

마음껏 펼쳐보기도 전에 태양은 벌써 저녁노을을 예시합니다
불량품 시계 같은 저의 심장은 어느 한순간 뚝 멈추어 설지 모르지만
주님은 저에게 하루하루 생을 덤으로 주십니다

안개 낀 가을 끝자락의 찬란한 일출의 감동은 없어도
오늘도 덤으로 주신 새날을 헛되이 살지 않겠습니다

말씀 속에 주님의 음성을 듣고
기도로 주님의 사랑에 감사하며
귀한 보석을 하나하나 꿰어 가듯
하루하루를 성실하게 살아가겠습니다.

사라져버린 흔적

월출산을 품어 안은
신령한 고장이라 일컫는 영암靈巖
서른네 해 만에 둘러보는 나의 고향
애석하여라
고향의 명물 남풍리 그 샘
이제는 사라지고 흔적이 없네
그때 나의 그 생각은 하나의 망상이었네
세상의 지하수 다 마른다 해도
이 샘물 끊임없이 솟구쳐 오르리라던

사시장철 흘러내리던 샘물
바가지로 뚝 떠서 마셔보는 이마다 달다고 하던 물
난 그 단물을 먹고 살았지
겨울이면 모락모락 김이 나는 차갑지 않던 물
여름이면 손이 시리던 물
가뭄이면 지하수 물줄기에 양수기를 대고
날이면 날마다 퍼 올리던 물

휘영청 달 밝은 여름밤엔

동네 아낙네들 샘터로 나와
물 한 바가지에 달하나 퍼서
달빛에 드러난 허연 몸에 퍼부었지
캄캄한 밤엔 별을 떠서 퍼부었어

십 년이면 강산도 변한다더니
내 고향 진정 세 번이나 뒤집혔나?
남풍리 그 샘터 흔적이 없고
내가 살던 정든 집도 흔적이 없네
이젠 내 고향엔
내가 살던 흔적은 아무것도 없다.

나의 작은 파라다이스

빙 둘러 세워진 울타리 앞에 무성한 전나무가 사철 푸르고
그 아래론 동백꽃 수국 접시꽃 달맞이꽃 철 따라 피는
외부와 단절된 자연 공간은 우리의 작은 파라다이스다

오월이면 노랑 창포꽃이 만발한 작은 연못 속엔
알록달록 비단잉어들이 흐느적흐느적 세월을 초월한다
예전엔 바다와 강에만 있던 회색 왜가리가 가끔 날아와
엉금엉금 연못에 발 담그고 들어가
침을 툭툭 내뱉어 어린 물고기들을 꾀어낸다
무슨 일에나 흰색도 검은색도 아닌 회색을 선택하는
기회주의자 야비한 인생을 보는 듯해 눈살 찌프러진다

한쪽에 우리의 정성을 쏟아붓는 작은 텃밭에선
철 따라 채소를 넉넉하게 내어주어
여름이면 이웃들과 나누어 먹는 재미가 쏠쏠하다
오늘 아침도 가뭄으로 건조한 땅에
저녁마다 물 뿌려 키운 상추 건대 부추를 뜯는다

아직도 비가 내릴 기세는 보이지 않는다
수목이 좀 더 시달려야 하나 보다

때론 잔디밭에 앉아 시를 쓴다
시원한 그늘을 주는 전나무에 고마움을 전한다
잔디밭 가의 들꽃들에 다정한 눈빛으로 인사를 나눈다
바람에 몸을 맡기고
맨발 앞에 팔랑거리는 노랑나비 날갯짓을 본다
이토록 한가한 마음으로 컴퓨터 앞이 아니고
자연 속에서 시를 쓰며 행복감을 느낀다

  정원 테라스 위로 무성하게 뻗어가는 키위 덩굴은
  동글동글 옹골지게 커가는 키위를 보는 것만으로도 흡족한데
  해마다 어김없이 수십 킬로 키위를 내어주는 진귀한 보배다

가을에 발갛게 익은 감을 다 따고 몇 개 남긴 것을 보고
이웃들이 그 이유를 물었을 때

까치밥이라고 하는 말을 듣고 고개를 끄덕였다
우리 한국인의 동물을 배려하는 인정미가
그들의 마음에 와 닿는 모양이다

연못가에 있는 빨간 단풍나무는
봄, 가을 두 차례 핏빛으로 붉게 탄다
어느 한 해엔 남편이 이 단풍나무 낙엽을 쓸어 모아
잔디 위에 새빨간 하드를 만들어 사진 찍어
무언의 사랑 고백 카톡을 보내왔다

나의 작은 파라다이스에는
우리 두 아들과 보낸 행복한 추억이 구석구석 스며 있고
우리의 진한 삶이 녹아 흐르고 있다.

■□ 시인의 에필로그

시 속에 스민 나의 인생

이금숙(시인)

아침에 일어나보니 밤사이에 온 누리가 하얗게 변해 있다. 오랜만에 보는 흠 없는 설경 앞에서 마음마저 하얗게 비워지는 것 같다. 집 앞의 커다란 린덴바움이 흰 눈에 푹 쌓여 순백의 아름다움으로 새롭게 다가온다.

오늘은 그동안 틈틈이 써 놓은 시들을 모아 하얀 캔버스에 다양한 색상의 조화로 나의 인생 연륜 그림을 그려가듯 한 권의 시집으로 엮었다.

어린 시절부터 가졌던 문인의 꿈을 생존이라는 장벽에 가려 이루지 못하고 1971년에 파독 간호사로 왔다. 이곳에서 결혼하고 맞벌이 부부로 경황없이 살다가 1990년 초반에 직장을 그만두었다.

4년간 Essen VHS에서 미술 공부를 하고 14년 동안에 걸쳐 그림을 그리며 제5회 개인전을 개최했다. 고국에서 문학 속에 울고 웃던 나는 독일에 온 후로 한국어 문학 작품을 쓴다는 것은 상상도 하지 못했다.

그런데 2004년에 우연히 교포신문에 실린 재독 동포

문학공모전을 보고 시를 응모해서 수상하였다. 그때부터 나의 내면에 잠재해 있던 문학의 열정은 불타올랐다. 2005년에 국제펜클럽 해외동포창작문학상에 수상(시:가작)하고 그 다음 해에 『문학세상』에 시 부문 신인문학상과 국제펜클럽 해외동포창작문학상 최우수상(시) 수상으로 등단했다. 늦깎이 시인으로 열심히 시를 쓰며 그동안 두 권의 시집을 출간했다.

그 후 수필을 쓰고, 동화를 쓰며 2018년에 아동문학가로 등단하고 동화집을 출간했다. 중도에 시작 詩作에 소홀하며 몇 해를 흘려보냈다. 그러다 2019년 말에 시산맥에 회원 등록하고, 시산맥 문정영 발행인님의 친절한 인도로 다시 시의 초심으로 돌아와 이번에 시집을 내게 되었다.

제3 시집 『하얀 새의 여로』에는

이역만리 파독 간호사로 와서 눈물로 저어온 하얀 날갯짓과 이방인으로서 든든한 생활 축대를 쌓아온 성실한 발자취와 가난의 장벽 앞에 일찍이 접어버렸던 꿈의 비전을 향한 진득한 삶의 향기가 고스란히 담겨 있다.

애국지사 아버지께 드리는 헌시

얼굴도 기억 못 하는 나의 아버지께서는 작은아버지와

함께 독립투쟁으로 수 번 투옥되었다. 그때마다 할머니께서는 논을 팔아 보석금을 마련하셨고, 옥에서 풀려나 집에 오면 돈을 배낭에 챙겨 메고 등산 가서 독립 밀사들과 접선하여 넘겨주었다. 그 시절 천석꾼 자산을 다 바쳐 빼앗긴 조국 찾는 일념으로 사시다가 어머니에게 가난 속에 연로하신 할머니와 4남매를 덤으로 안겨주고 저세상으로 떠나가셨다.

나는 어머니의 뼈아픈 삶 속에 나의 꿈의 진로가 막혔을 때 아버지를 많이 원망도 했고 아버지께 건국훈장이 수여 되었을 때도 큰 감동으로 받아들이지 못했다. 그러나 그 후 대전 현충원 애국지사 제2 묘역에 아버지와 어머니, 그 곁엔 나란히 작은아버지와 작은어머니가 합장으로 누워 계시는 것을 보고, 아버지께 사죄하는 마음으로 한 편의 헌시를 드렸다.

바닷가 향나무, 어머니의 비손

어머니께서는 서른한 살 꽃다운 나이에 홀로 되시어 가난 속에 네 자녀를 키우며 자신의 한 많은 삶의 행로를 가슴에 담아 둘 수 없어, 막내이자 외딸인 나를 곁에 두고 늘 들려주셨다. 나는 나중에 문인이 되어 어머니의 기구한 삶을 책으로 엮어 내리라 다짐하며 어릴 때부터 문인의 꿈을 키워왔다.

이제 나는 떠나가신 어머니보다 더 많은 나이테를 둘렀는데도, 가슴에서 떠날 줄 모르는 어머니를 그리는 애절함으로 펼친 시들이다.

그때 그는 울부짖지 않았다

가난 속에서 질경이처럼 질기게 삶을 이어가던 신OO 씨는 그 집의 전 재산인 황소와 오두막집을 팔아 맏아들을 서울 한 고등학교로 진학시켰다. 그 후 밭 위에 토담집을 짓고 살며 자신의 삶을 온전히 희생하였으나, 그 아들이 이단 집단에 들어가 살다가 결국 죽음을 택했다. 아들의 싸늘한 시체 앞에서 통곡의 자유마저 포기해버린 한 아버지의 비참한 사연, 그 기억이 나의 뇌리에서 떠나지 않았다.

꿈이 아닌 꿈에서 깨어났을 때

한창 꿈을 향해 힘차게 날아야 할 나이에 파독 간호사로 와서 도착한 곳은 섬 아닌 섬 같은 외딴곳의 한 지적장애 요양소였다. 근무를 시작한 지 6개월 만에 이유 모를 병에 걸려 병명을 모르니 향수병이라는 명목으로 무려 6개월 동안을 기숙사 방에 홀로 누워 사경을 헤매던 어느 날 밤 이해할 수 없는 한 사건이 있었다. 의식을 잃고 방바닥에 쓰러져 있는 나를 동료가 발견하고 수녀님에게 연락해서 의사가 와서 사망진단을 내리고 갔다고 했다. 내가 다시 깨어났을 때 한국 간호사 동료들이 모두 내 곁에 모여서 통곡을 하다 경악을 금치 못했다. 그 시간의 경과는 지금까지도 나에겐 풀리지 않은 한 수수께끼로 남았다.

저 하늘의 별 중엔

지그리드! 그녀는 지적 장애 환자이자, 신체 불구로 절름발이고 늘 코 먹은 소리로 무어라 중얼거려 모두가 싫어하던 한 미운 오리였다. 그러나 그녀는 병상에 홀로 누워 먹지 못해 죽어가는 나에게 식당에서 해준 음식을 가져다주고 눈물로 음식을 떠먹여주었던 나에게는 생명의 은인이었다. 삶의 소망을 잃었던 나는 그녀에게서 어머니의 사랑을 느끼고 영육 간의 힘을 얻을 수 있었던 희귀한 사랑 이야기이다.

그때는 병명을 몰랐었는데 6개월 후에 큰 병원에 입원하여 내가 급성 췌장염에 걸렸었다는 것을 알게 되었고, 오랜 치료를 받고 회복되었다. 퇴원 후에 그곳을 떠나 루르지역 한 병원에 취직했다. 그 후 현재 남편을 만나 결혼하고 한 가정을 이루어 성실과 근면으로 삶의 쳇바퀴를 돌리어 왔다.

이름 없는 무덤 앞에

안나 링! 그녀를 우리는 탄테(이모) 안나라고 불렀다.

그녀는 제2차 대전에 전사자로 이름만 돌아온 첫사랑을 가슴에 품고 독신녀로 외롭게 살다가 한 건물 내로 이사한 우리를 만났다. 그녀는 우리가 고달픈 이국 생활 맞벌이 부부로 경황없이 살아가는 동안 우리 아이들의 대리 엄마 역할을 해 주셨다. 우리는 그렇게 27년 동안을 아이들에게는 다정한 할머니요, 우리는 딸과 엄마같이 한 가족으로 살았다. 향년 88세로 생을 마감하고 저세상으로 가신 탄테 안나의 무덤을 우리는 자주 찾는다.

행복 메아리로 돌아온 참새들의 합창

이국 생활에서 나이가 들어 친우들과 어울려 웃고 즐기는 시간을 갖는다는 것은 그 무엇보다 더 소중한 일이다. 우리는 여덟 가족이 모여 한 달에 한 번씩 케겔을 하며 이 소중한 시간을 즐긴다. 시종일관 웃음이 떠나지 않은 엔도르핀이 넘쳐나는 시간이다.

어느 한 날, 그중에 나이가 제일 많이 드신 형님이 먼 곳에 출장으로 일 가셨다가 바로 그곳으로 오면서 부인에게 작은 루비 목걸이를 선물로 주었다. 바로 그 자리는 한바탕 시끌벅적 야단법석이었다. 여자들은 남자들에게 형님의 교육을 잘 보아두라고 했다.

그런데 그다음 날 무뚝뚝한 경상도 사나이로 살아온 남편이 흑장미 한 다발을 사 와서 슬며시 가슴에 안겨주었다.

참새들의 요란하던 합창이 행복의 메아리로 돌아왔다. 이 나이에 새삼 사랑도 행복도 배워야 한다는 것을 알았다.

뮌헨 옥터버페스트 외 2부 시 전체

 습기가 많은 독일 기후에 건강을 유지하려면 겨울철에 1~2주 정도를 햇볕이 좋은 뜨거운 곳에서 휴가를 보내는 것이 좋다. 검소한 생활이 몸에 밴 우리 부부이지만 건강을 위해서 아주 오래전부터 꼭 겨울 휴가를 따뜻한 섬이나 아름다운 해안으로 다녔다.
 남편이 연금에 들어가고 나서는 마음에 맞는 친우 다섯 가족으로 동우動友회를 구성해 매년 2~3회 정도 여러 나라를 여행을 한다.
 나는 여행을 다니며 여행기를 적기보다는 여행 연작시를 써 모은다. 언젠가는 그 시들을 모아 사진을 첨가해서 여행 연작시집을 하나 내려고 구상했다.
 이번 시집을 내면서 그 여행 연작시에서 고리를 풀어 몇 편을 올렸다.

나의 작은 파라다이스

 나의 작은 파라다이스는 우리가 두 아들을 키우며 이국에서 맞벌이 부부로 근면과 검소로 충실하게 살면서, 우리의 밝은 장래를 바라보고 마련한 여섯 가정이 들어 사는 집의 정원이다.

2층에 사는 우리는 이사 와서 바로 정원 하우스를 사다 세우고, 차례로 화단을 만들고 한쪽엔 작은 텃밭도 만들었다. 그리고 몇 년 후에 연못을 만들었다. 연못 속엔 알록달록 예쁜 비단잉어들이 헤엄치고 그 연못가로 동백꽃 개나리 노랑 창포 수국 등이 철 따라 피어 퍽 아름답다.

초봄과 가을에 불타듯 붉게 물드는 단풍나무가 있고, 정원 하우스 앞 테라스 위로 올린 키위나무에선 가을이면 수십 킬로의 키위를 추수하고 감나무엔 붉은 감이 주렁주렁 열려 이웃들의 눈을 즐겁게 해준다.

이 나의 작은 파라다이스는 우리 가족이 삼십여 년 살아온 아름다운 추억이 고스란히 담겨있는 소중한 공간이다.

여름이면 잔디밭에 앉아 새들의 노래를 들으며 맨발 앞에 팔랑거리는 노랑나비 날갯짓을 보며 자연 속에서 시를 쓴다. 이런 행복을 누릴 수 있는 여건을 허락해 주신 주님께 감사를 드리며, 남편과 두 아들에게 사랑한다는 말과 고마움을 전한다.

2021년 2월 이금숙